Histórias da Bíblia

Recontadas por

WALCYR CARRASCO

Ilustrações

Mariana Ruiz Johnson

1ª EDIÇÃO

COORDENAÇÃO EDITORIAL Maristela Petrili de Almeida Leite
EDIÇÃO DE TEXTO Marília Mendes
COORDENAÇÃO DE EDIÇÃO DE ARTE Camila Fiorenza
PROJETO GRÁFICO Camila Fiorenza
DIAGRAMAÇÃO Cristina Uetake, Elisa Nogueira
ILUSTRAÇÕES DE CAPA E MIOLO Mariana Ruiz Johnson
COORDENAÇÃO DE REVISÃO Elaine Cristina del Nero
REVISÃO Nair Hitomi Kayo
COORDENAÇÃO DE *BUREAU* Américo Jesus
PRÉ-IMPRESSÃO Rubens M. Rodrigues
COORDENAÇÃO DE PRODUÇÃO INDUSTRIAL Wilson Aparecido Troque
IMPRESSÃO E ACABAMENTO EGB-Editora Gráfica Bernardi Ltda

Dados Internacionais de Catalogação na Publicação (CIP)
(Câmara Brasileira do Livro, SP, Brasil)

Carrasco, Walcyr
Histórias da Bíblia / recontadas por Walcyr Carrasco ; [ilustrações Mariana Ruiz Johnson]. – 1. ed. – São Paulo : Moderna, 2014. – (Série Histórias da Bíblia)

ISBN 978-85-16-09599-4

1.Histórias bíblicas. 2. Literatura infantojuvenil
I. Johnson, Mariana Ruiz. II. Título. III. Série.

14-07100 CDD-028.5

Índices para catálogo sistemático:
1. Bíblia : Histórias : Literatura infantil 028.5
2. Bíblia : Histórias : Literatura infantojuvenil 028.5

EDITORA MODERNA LTDA.

Rua Padre Adelino, 758 - Belenzinho
São Paulo - SP - Brasil - CEP 03303-904
Vendas e Atendimento: Tel. (11) 2790-1300
Fax (11) 2790-1501
www.modernaliteratura.com.br
2014
Impresso no Brasil

No começo, Deus criou os céus e a terra.

A terra era um vazio, sem nenhum ser vivente, e estava coberta

por um mar profundo. A escuridão cobria o mar,

e o Espírito de Deus se movia por cima da água.

Então Deus disse:

— Que haja Luz!

E a Luz começou a existir.

(Gênesis 1, 1-3)

Sumário

Porque as histórias da *Bíblia* são a nossa história

Regina Zilberman

O termo *bíblia* provém da língua grega, correspondendo ao plural de *biblion*, que significa livro. Logo, *bíblia*, numa acepção bem simples, quer dizer "os livros". Só que não se trata de um ou mais livros quaisquer, mas provavelmente o mais importante deles, pelo menos do ponto de vista do mundo ocidental. É também o mais conhecido dos livros, e esse prestígio decorre de vários fatores.

Um desses fatores é de ordem religiosa. A *Bíblia* é o livro sagrado da maioria das religiões monoteístas, a começar pelo judaísmo, o cristianismo e o protestantismo. Mesmo o *Corão*, o livro sagrado dos muçulmanos, cuja religião originou-se no Oriente, propagando-se depois por todo o planeta, incorpora narrativas e personagens mencionados primeiramente na *Bíblia*.

Outro fator é de ordem cultural: episódios e heróis da *Bíblia* estão presentes em obras literárias, constituem tema de pinturas e esculturas, composições musicais e óperas os homenageiam. Modernamente, filmes, séries de televisão e até histórias em quadrinhos ou novelas gráficas inspiram-se em cenas registradas originalmente naquele que chamamos "o livro dos livros".

Um último, mas não menos relevante, fator a mencionar é nossa familiaridade com os episódios e as criaturas que circulam nas páginas da *Bíblia*. Alguns são bastante populares, como Moisés ou Jesus, outros, nem tanto, como Josué ou Jeremias. Todos, porém, parecem muito próximos de nós, porque são exemplares de comportamentos e concepções de vida. Assim, explicamos situações complexas ou atitudes individuais, referindo-nos à vida e à experiência de personalidades que povoam os episódios da *Bíblia*. Citar o "sofrimento de Jó" explicita de imediato o que significa padecer sem merecer. A rivalidade entre Caim e Abel expõe com clareza o prejuízo causado pelos ciúmes entre irmãos. A alusão aos cabelos de Sansão deixa claro que mesmo os homens mais poderosos estão sujeitos a fraquezas, quando se perdem por amor a uma mulher sedutora.

Por isso, a *Bíblia* permaneceu no tempo e enraizou-se profundamente em nossas tradições. Contudo, ela não é uniforme, nem foi elaborada de uma só vez. Atualmente, é formada por dois grandes conjuntos de livros, conhecido o primeiro como *Velho* ou *Antigo Testamento*, e o segundo, como *Novo Testamento*. Esses dois conjuntos, em nossos dias, são também denominados, respectivamente, *Bíblia Hebraica* e *Bíblia Cristã*.

A *Bíblia Hebraica* reúne o que os judeus chamam de *Tanach*, expressão que congrega três grupos de obras: o Pentateuco, ou *Torá*, correspondendo aos cinco livros que Moisés teria redigido enquanto os ex-escravos hebreus dirigiam-se a Canaã, depois de terem deixado o Egito; o Livro dos Profetas, em que aparecem a trajetória e os vaticínios de sacerdotes como Isaías, Elias ou Ezequiel, entre os mais conhecidos; e os Escritos, onde encontramos, por exemplo, as histórias de Jó e de Esther, ao lado dos Salmos de Davi e do Cântico dos Cânticos, atribuídos a Salomão. Essas obras formam a parte mais antiga da *Bíblia*, tendo sido produzida provavelmente entre os séculos IX e V a.C., razão por que é também conhecida como *Velho* ou *Antigo Testamento*.

Por sua vez, o *Novo Testamento* reúne obras compiladas após a morte de Jesus. Os segmentos mais importantes são formados pelos quatro evangelhos, cujos autores foram João, Lucas, Marcos e Mateus. Inclui também outros textos significativos para o Cristianismo, como os Atos dos Apóstolos, as epístolas, de Paulo, e o Apocalipse de João. Os livros que compõem a *Bíblia Cristã* foram redigidos aproximadamente entre 42 d.C. e o final do primeiro século da nossa era, sendo a maioria deles protagonizado por Jesus, cuja vida é contada desde o nascimento até sua morte e ressurreição.

As *Histórias da Bíblia* recontadas por Walcyr Carrasco apareceram originalmente na *Bíblia Hebraica*. Um grupo delas pertence ao Pentateuco: "Adão, Eva e o jardim do Éden", "A arca de Noé", "A torre de Babel", "José e seus irmãos", "Esaú e Jacó", "Moisés, encontrado nas águas" e "A travessia do mar Vermelho". Um segundo grupo origina-se dos Profetas, onde se encontram as histórias relativas a Sansão, ao combate entre Davi e Golias, à construção do templo de Jerusalém por Salomão ("Um coração que escuta"). "A rainha Esther" integra Escritos, a última parte da *Bíblia Hebraica*.

Algumas das histórias são bastante conhecidas, e nenhuma delas é tão difundida como a da perda do paraíso por Adão e Eva. Outras são bastante populares, como a da torre de Babel, mas parte delas – como a de Esther – parece inteiramente nova, a não ser para os judeus que celebram a festa de Purim, via de regra comemorada, no calendário brasileiro, no mês de março.

Porém, o que usualmente acontece, quando se trata de narrativas extraídas da *Bíblia*, é que temos algumas informações a respeito – sabemos que Jó sofreu muito, que Moisés libertou os escravos hebreus, que Sansão tinha longos cabelos. Mas nem sempre conhecemos integralmente as tramas em que aquelas personagens aparecem, nem porque elas se tornaram famosas e modelares.

Esta é a uma das razões por que devemos ler o reconto que propõe Walcyr Carrasco.

Primeiramente, porque episódios, mesmo os mais sabidos, são expostos de um modo muito pessoal, de que são exemplos as duas primeiras histórias. "A arca de Noé", por exemplo, conclui de modo original, mostrando um Deus benévolo e bem-humorado que manifesta seu amor pela humanidade, e não a divindade repreensiva que às vezes predomina na *Bíblia Hebraica*. Por sua vez, em "Adão, Eva e o jardim do Éden", o ato transgressivo cometido pelos humanos, após a sugestão mal-intencionada da serpente, não é atribuído à fragilidade feminina, mas ao desejo de crescimento intelectual por parte do casal protagonista. Logo, corresponde a um processo de amadurecimento, pelo qual todos passamos, quando nos libertamos da tutela de nossos criadores – sejam deuses, pais ou mestres.

Assim, não há qualquer moralismo ou doutrinação nas narrativas recontadas por Walcyr Carrasco. O autor prefere destacar a inteligência, a sabedoria e a coragem das figuras que extrai da *Bíblia*. Davi, o pequeno pastor, expressa essas virtudes, ao enfrentar o gigantesco Golias, simbolizando a capacidade de superar grandes dificuldades e afirmar-se, apesar da descrença ou incerteza dos demais. Por sua vez, Moisés é inseguro, mas nada o detém, alcançando, assim, a liberdade de seu povo.

Por sua vez, aquelas virtudes não são exclusivas dos homens, e não por outra razão Walcyr Carrasco inclui a história de Esther, a mulher que, como Moisés, garantiu a sobrevivência e a prestígio de sua nação, não diante do poderoso Egito, como fez o líder hebreu, mas agora perante a igualmente temida Pérsia.

Também o amor é virtude salientada nas narrativas, e nada mais significativo que a história de José, capaz de perdoar e apoiar os irmãos mais velhos, quando, na infância, fora vítima do ciúme e do despeito deles. De maneira similar, o poderoso Salomão é movido não pela riqueza e pelo poder, mas pelo sentimento que o leva à construção do templo de Jerusalém.

Pertence ao modo bastante pessoal com que Walcyr Carrasco lida com as histórias da *Bíblia* a perspectiva com que ele se coloca diante da religião e da fé.

A *Bíblia* é, como se observou, o livro sagrado de muitas religiões monoteístas, especialmente as que predominam no mundo ocidental. Não é preciso ser religioso, ou ser católico, protestante ou judeu, para admirar as histórias narradas em seus vários livros. Mas Deus – denominado também Senhor ou Jeová – é figura quase onipresente, seja enquanto criador (em "Adão, Eva e o jardim do Éden"), fiscal ("A arca de Noé", "A torre de Babel") ou até, digamos, prestador de serviços, como nos episódios protagonizados por Moisés. Em algumas narrativas, é a fé nos atos do Senhor que motiva ou confere segurança às ações humanas, como ocorre respectivamente a Salomão e a José. Assim, Deus pode aparecer de modo menos ou mais visível, estar próximo ou distante, mas nunca deixa de se relacionar aos eventos relatados.

Walcyr Carrasco, portanto, não contradiz o paradigma proposto pela *Bíblia*, aceito pelas religiões monoteístas do Ocidente. Mas deixa a critério do leitor – criança ou adulto – a decisão de acreditar que os fatos narrados aconteceram efetivamente ou são fruto da imaginação humana. A fé e a crença são opções individuais e privadas, e essa liberdade é delegada ao leitor. A obra não as impõe, nem as desacredita, e é esse outro dos méritos do reconto proposto pelo escritor brasileiro.

Acontece que os produtos da imaginação não são menos verdadeiros que os fatos históricos. E esse é um aspecto fortemente sublinhado por Walcyr Carrasco, que faz questão de chamar a atenção, em notas esclarecedoras, sobre os pontos de contato entre as personagens e os eventos relatados na *Bíblia* e a nossa experiência contemporânea. Eis aí mais um motivo para admirar o resultado obtido pelo autor com suas histórias.

Essa não é, contudo, a última razão a destacar. A derradeira dessas razões não é menos importante, e constitui provavelmente a mais pessoal delas. Pois o escritor pode não ter inventado as narrativas que dão conta das trajetórias de Noé, Moisés, José, Esther, Sansão, que se encontram desde a Antiguidade no livro dos livros. Mas ele as apresenta de maneira muito particular, graças ao estilo jovial e saboroso que adota.

Em primeiro lugar, utiliza largamente o diálogo, graças ao qual as personagens têm voz e falam como os brasileiros do século XXI. Veja-se a conversa entre a serpente e Eva, na primeira história, em que o animal vale-se de sons próprios à oralidade para atrair a atenção da moça, que passeava distraída pelo jardim do Éden, e depois bate um papo com ela. "A torre de Babel" é igualmente modelar, pois a história que expõe a dispersão linguística inicia com uma intensa troca de falas entre as personagens, indicando a unidade que então havia entre as pessoas, levando-as a abraçar projetos coletivos.

Walcyr Carrasco, porém, não despreza a narração ou a descrição, utilizando-a quando se torna necessário adentrar o conhecimento das figuras. Em "A arca de Noé", o narrador detém-se cuidadosamente sobre os gestos do herói, para que percebamos e, ao mesmo tempo, vivenciemos o enorme esforço que significou a construção do barco que garantirá a sobrevivência da melhor parte da humanidade e dos seres vivos.

O resultado é que as *Histórias da Bíblia* conciliam o melhor do livro dos livros: a apresentação de suas atrativas histórias, nascidas na cultura antiga, por intermédio de uma linguagem ágil e moderna, aquela que, mesmo depois da dispersão babélica, afiança a comunicação e a troca de experiência entre nós.

Regina Zilberman, nascida em Porto Alegre, licenciou-se em Letras pela UFRGS e doutorou-se em Romanística pela Universidade de Heidelberg, na Alemanha. Realizou o pós-doutoramento no Center for Portuguese & Brazilian Studies, da Brown University, em Rhode Island (EUA). É pesquisadora 1A do Conselho Nacional de Desenvolvimento Científico e Tecnológico (CNPq). São algumas de suas publicações: *A literatura infantil na escola; Literatura infantil brasileira: história & histórias; A leitura e o ensino da literatura; Estética da recepção e história da literatura; A formação da leitura no Brasil; Fim do livro, fim da leitura?; Como e por que ler a literatura infantil brasileira.*

Introdução

Walcyr Carrasco

Todos nós fomos criados ouvindo as Histórias da *Bíblia*. Através de suas personagens, conhecemos preceitos éticos, aprendemos a formar valores.

A minha própria experiência com as personagens bíblicas foi sempre muito rica. Quando criança, eu os via como heróis. E de fato, Davi, ao vencer o gigante Golias, não é um herói incrível? Através dele também descobri que por mais "gigantesco" que pareça um problema, uma boa ideia pode resolvê-lo. As histórias bíblicas falam não só de heroísmo, mas também de amor, da capacidade de lutar pelo bem alheio, da busca de algo maior que o simples mundo material. Mas também têm um sentido simbólico: elas mostram como, através das ações de suas personagens, podemos lidar com as mais diversas situações da vida. E que mesmo a maior dificuldade pode ser superada com empenho e a certeza de que o mundo não se resume simplesmente à matéria. No primeiro versículo do Gênesis, Deus criou a luz.

É essa luz que cada personagem bíblica faz brilhar dentro de si. E que cada um pode fazer brilhar também.

1. Adão, Eva e o jardim do Éden

Quando Deus criou o mundo, criou também o homem e a mulher. Seus nomes eram Adão e Eva. Sua vida era harmoniosa e feliz, no Jardim do Éden. Andavam nus, mas em plena inocência. Nem mesmo sabiam que estavam nus, porque não conheciam a malícia, nem tinham noção do mal.

Tudo era permitido. Podiam comer todos os frutos. Só havia uma restrição. Por uma proibição divina, não podiam comer o fruto de uma árvore que ficava no centro do Jardim do Éden.

E justamente por causa dessa proibição, um dia tudo mudou. Eva caminhava entre as árvores quando ouviu uma voz sibilante:

— Psiu! Psiu!

Eva parou, olhou para um lado, para outro, e nada viu. Ia retomar a caminhada quando ouviu de novo:

— Psiu!

Eva olhou novamente na direção do som e se deparou com uma serpente.

— Shhhhhh — saudou a serpente na sua estranha voz.

— Quem é você? — quis saber Eva.

— Sou sua amiga. Soube que o Criador proibiu você e Adão de comer as frutas das árvores. É verdade?

Eva espantou-se:

— Oh, não, não é verdade. Podemos nos servir de todas as frutas. Menos as que dão naquela árvore ali, no meio do jardim do Éden. Deus nos proibiu até mesmo de tocá-las. São perigosas.

— Não é nada disso — sussurrou a serpente.

Eva pensou que não tinha ouvido bem.

— Que disse?

— Deus mentiu para vocês — afirmou a serpente. — Os frutos daquela árvore não oferecem perigo algum. Deus os proibiu de comê-los porque, no dia em que isso acontecer, ganharão sabedoria e discernimento. Serão como deuses. Conhecerão o Bem e o Mal.

A serpente encarava Eva fixamente. A primeira mulher do mundo duvidou do que ouviu. Inquietou-se.

— Como posso ter certeza do que disse? Como saber que você não está me enganando?

A serpente deu uma gargalhada. E continuou a tentação.

— Só há um jeito, querida. Prove os frutos da árvore proibida.

A curiosidade de Eva se acendeu. Lentamente, ela se aproximou da árvore. E a contemplou. Era bonita. Seus frutos, vermelhos e brilhantes, luziam sob os raios do sol.

Estendeu o braço. Colheu um dos frutos. Ainda desconfiada, mordeu-o devagar, tirando um pedaço pequeno, quase uma lasca. Mastigou. E gostou. Na verdade, adorou. O sabor era doce, meio ácido. Delicioso.

Adão se aproximou. Surpreendeu-se.

– Você está comendo o fruto da árvore proibida!

– Tem que experimentar, Adão. É muito bom.

Ele hesitou. Mas Eva insistiu. Até que ele deu uma mordida. E também gostou.

Mas então algo surpreendente aconteceu. Pela primeira vez olharam-se e perceberam que estavam nus.

"Eva é linda!", disse Adão para si mesmo.

"Como seria bom deitar em seus braços!", pensou Eva.

Imediatamente, sentiu-se envergonhada. Corou. Estremeceu, tomada por um sentimento até então desconhecido.

Em seguida, ambos tentaram trançar folhas de figueira para se vestirem. Tinham perdido a inocência e descoberto a vergonha. Já não se sentiam bem nus, um diante do outro.

Nesse momento, ouviram os passos de Deus. Com a consciência de que tinham desobedecido seu criador, envergonhados, esconderam-se entre as árvores.

– Adão? – chamou o Senhor. – Onde você está?

– Aqui, no meio das árvores. Ouvi seus passos e me escondi porque estava nu.

– E como percebeu que estava nu? Não, não precisa responder. Já sei: provou o fruto da árvore proibida.

Adão explicou:

– Eva me ofereceu e eu quis experimentar.

Ela explicou:

– A serpente me tentou.

Deus soube, então, que o Homem e a Mulher tinham desobedecido sua lei. E, com isso, perdido a inocência. Resolveu castigá-los. Mas, também, castigou a serpente: disse que ela haveria de rastejar a vida toda.

Também foi severo com Eva e Adão. A ela, avisou que daria à luz entre dores e que seria impelida ao marido pelo desejo. A ele, disse que teria de extrair os alimentos da terra com esforço e suor. A ambos alertou que um dia retornariam ao solo, "pois são pó, e ao pó retornarão".

Fez surgir duas túnicas de pele e lhes deu, para que se cobrissem.

Finalmente, Eva e Adão foram expulsos do Paraíso. E, desde então, o homem e a mulher perderam a inocência e a paz, para enfrentar uma vida de dificuldades, conhecer a dor e o sofrimento.

Hoje, próxima à Árvore da Vida, há uma espada de fogo, cravada no chão e que mantém distantes todos que desejam se aproximar dela.

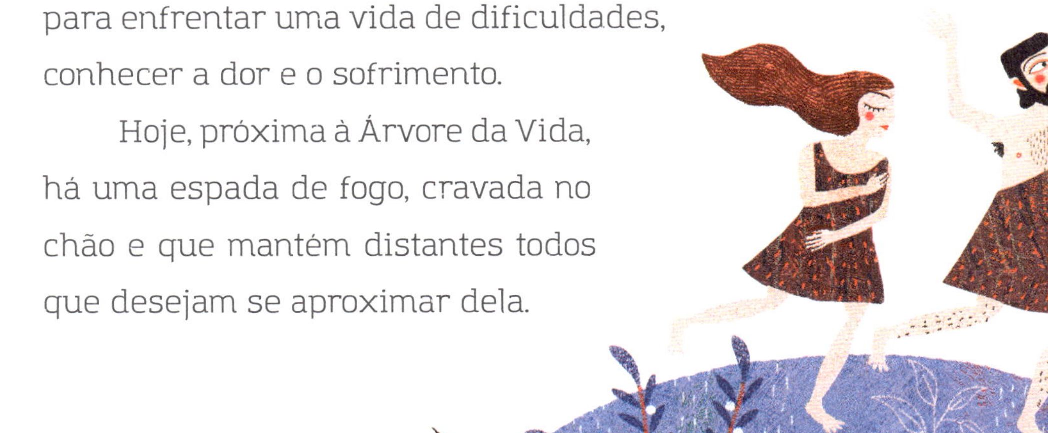

2. A arca de Noé

A missão não era nada fácil! Construir uma arca de madeira, bem grande. E isso num calorão que fazia a temperatura bater os 45 graus. Era difícil, mas necessário. Deus estava insatisfeito com a humanidade, e havia decidido enviar um Dilúvio[1] à Terra. Mas avisar Noé, o único homem a quem considerava bom e justo, para construir uma arca, que deveria salvar sua família e as espécies animais quando a Terra fosse coberta pelas águas.

1 É interessante notar que muitos povos antigos contam a história de um Dilúvio sobre a Terra. Está presente não somente no Antigo Testamento, mas na História de outros povos. Entre os sumérios, povo da antiguidade, há a Epopeia de Gilgamesh, que, apesar do nome diferente, assemelha-se a Noé. Mais uma vez, mostra-se que as histórias bíblicas refletem uma realidade.

Noé colocou no chão o último lote de caniços e sentou-se numa rocha branca achatada. Tirou do ombro o pano que usava para que o peso dos caniços não maltratasse demais sua pele e enxugou o suor do rosto. Abriu um pouco a camisa para pegar a bolsa de couro triplo que ele mesmo fizera, na qual carregava água. Levou-a à boca e deu grandes goles do líquido fresco. Deixou-a sobre a rocha, num local onde havia uma fenda que o Sol não alcançava. Ia precisar muito daquela água...

Deu um suspiro, levantou-se e levou um feixe de caniços para a sombra das oliveiras.[2] Cortou-os no tamanho certo e começou a arrumá-los.

2 Árvore que produz azeitonas.

Amarra aqui, amarra ali, amarra acolá e no final do dia o chão do enorme barco estava pronto. No final da semana, três andares da arca estavam construídos, exatamente como Deus lhe pedira.

Noé fez um corte na lateral do primeiro andar. Colocou ali uma porta. No último, pôs uma janela, também de acordo com o pedido de Deus. Em seguida levou a família – a esposa, os três filhos e as esposas dos filhos – para seu interior. Armazenou água fresca, alimentos e, conforme Deus lhe dissera, chamou todos os que haviam sido convidados a entrar na arca: um casal, macho e fêmea, de cada ser vivo sobre a Terra. E esperou o Dilúvio.

Deus estava cansado das brigas, trapaças, conflitos, violência e falta de harmonia entre os homens. Resolveu fazer chover por quarenta dias e quarenta noites. Isso alagaria o mundo e nada sobraria. Mas para não destruir a Vida, que ele mesmo criara, pediu a Noé para construir a arca. O Criador acreditava que por ser um homem justo, Noé poderia recomeçar a vida na Terra, seguindo as leis divinas.

Ao ver a família de Noé abrigada e os animais no barco, Deus abriu as comportas do céu. A chuva caiu forte, inundando tudo. Primeiro alagou as plantações. Depois a água ficou acima das oliveiras, os pés de limão, as amendoeiras e as outras árvores. Engoliu as casas e continuou subindo, até cobrir a montanha mais alta. Nada mais se via no mundo senão água, muita água. Mesmo assim, não parava de chover. E a arca de Noé balançava sobre as ondas, os pingos grossos batendo sem dó nas paredes de caniço.

Quarenta dias depois, Deus fez a chuva cessar. A arca de Noé parou junto de um monte chamado Ararat, então imerso nas águas. Ao constatar que o barco estava em segurança, Deus enviou um vento forte, que levou para longe a inundação. Aos poucos, a água foi baixando e, com ela, a arca, até tocar o solo.

De tempos em tempos, Noé enviava uma ave para saber se o mundo já estava seco: primeiro foi um corvo, depois duas pombas. No penúltimo voo, a fêmea voltou com um ramo novo de oliveira no bico; o macho, que saíra por último, nem mesmo voltou. Então Noé soube que a terra estava seca e que era seguro deixar a arca. Por segurança, esperou mais sete dias, e então ouviu a voz de Deus:

– Hora de sair, meus filhos. Que todos tenham muitos herdeiros, para encher a Terra de seres humanos bons e de animais saudáveis. Cuidem da natureza e aproveitem o que ela tem de melhor. Tratem bem dela, porque será dela que vocês tirarão seu sustento por toda a vida. Se vocês respeitarem a natureza, nada lhes faltará. Vivam em paz e sejam felizes!

Deus os abençoou e voltou para seu lugar, no centro do paraíso.

"Eu lhes darei liberdade para fazer o que quiserem", pensou Deus. "Devem compreender que brigas, guerras e violência só irão prejudicá-los. Também espero que entendam que todas as coisas – seres humanos, animais, montanhas, árvores, plantas, flores – estão ligadas, dependem umas das outras e por isso merecem respeito. Espero, finalmente, que se amem como eu os amo."

Deus sorriu, cheio de esperança, e deu uma piscadela para as nuvens antes de acrescentar:

– Amém!

3. A torre de Babel

Hoje em dia existem quase sete mil línguas, faladas por mais de sete bilhões de pessoas em todo o planeta. O português, por exemplo, é usado por aproximadamente 180 milhões de habitantes da Terra. Já o mandarim, da China, é utilizado por cerca de 900 milhões de indivíduos, o que o torna a língua mais falada do mundo.

Segundo a *Bíblia*, porém, nem sempre foi assim. Houve um tempo em que todas as pessoas falavam o mesmo idioma e se concentravam em uma só região, atualmente conhecida como Oriente Médio. O que um dizia, os outros entendiam, e isso, claro, tornava a comunicação muito mais simples.

Mas um dia, conta a *Bíblia*, os homens decidiram emigrar para o lado leste de onde viviam. No percurso, encontraram um vale belíssimo, cercado por montanhas de rocha branca e cumes arredondados, onde cresciam as mais belas oliveiras que já existiram. A terra ali era fértil, e as plantas rasteiras, os arbustos e as árvores floresciam em toda parte, dando um colorido magnífico ao lugar. As oliveiras carregadas de enormes azeitonas, verdes e pretas, eram um contraste esplendoroso com o caleidoscópio de cores das plantas. As figueiras estavam repletas de frutos enormes, saborosos e suculentos.

— Tudo que plantarmos aqui dará belos frutos! — comentou alguém.

— Há comida de sobra para nossos burrinhos, cabras e ovelhas! — animou-se outro.

— E mais adiante há uma nascente, que dá origem a um riacho de águas limpíssimas — completou um terceiro.

Satisfeitos, os que haviam chegado primeiro acenaram para os que vinham mais atrás.

— Venham, venham! — chamaram.

— Vejam só que preguiçosos... Mais depressa! — disse um homem, apeando da montaria.

— Calma — pediu uma jovem. — Eles são mais idosos e trazem a família. Com esse calor, não conseguem avançar com tanta rapidez. Nós, que somos jovens, precisamos respeitar seus limites e esperá-los.

— É justo, muito justo — concordou outra jovem, aproximando-se do grupo.

— Enquanto aguardamos por eles, que tal ir até a fonte? — propôs um rapaz de pele morena, queimada pelo sol. — Podemos nos refrescar e colocar os animais para beber água. Eles devem estar exaustos, também.

Todos concordaram e se dirigiram à nascente. Os que vinham mais atrás enfim chegaram e um senhor sugeriu que se fixassem naquele local.

— Este lugar é um paraíso! Teremos tudo para uma vida tranquila, sem apertos. Alimentos, água, boa pastagem. Que mais poderíamos desejar?

Os demais aprovaram a ideia.

Logo começaram a cavar a terra e a fazer tijolos. Alguém acendeu o fogo para cozê-los. Usando o betume como argamassa, construíram casas, celeiros, estábulos para abrigar o gado, calçadas, ruas.

Não contentes de viver num paraíso terrestre, decidiram alcançar o paraíso divino.

— Vamos construir uma torre que chegue até o céu! — decidiram.

Fabricaram milhares de tijolos e começaram a edificação, que devia ser altíssima!

Deus esperou que a torre estivesse quase terminada. Só então observou a obra daquela gente.

Examinou a cidade, viu centenas de homens se revezando na produção dos tijolos, do betume e na construção. Balançou a cabeça, desapontado.

— Os homens querem se igualar a Deus e chegar ao Paraíso através de um edifício. E não por seu próprio mérito, através de boas obras.

Então, Deus disse aos homens:

— Desçam daí e dispersem-se pelo mundo! E que cada um fale uma língua, para que não mais entendam o que dizem os outros. Assim não poderão fazer planos que contrariem minha vontade.

Lançou um raio e a torre caiu. Os homens espalharam-se em todas as direções.

Foi assim, conta a *Bíblia*, que nasceram as diferentes línguas, e que homens e mulheres se espalharam por toda a Terra.

A cidade construída no vale ganhou o nome de Babel, porque a raiz dessa palavra, *bit*, significa "confundir" — e foi exatamente isso que Deus fez. Confundiu as línguas, para que as pessoas, em vez de habitar um só local, povoassem o mundo inteiro.[3]

---

3 É muito interessante saber que os estudiosos afirmam que todos os idiomas se originaram de um único, o indo-europeu. Novamente a *Bíblia* nos conta algo que realmente aconteceu: houve um tempo que os homens falavam o mesmo idioma, que mais tarde deu origem a todos que existiram e existem até hoje.

4. José e seus irmãos

José acordou com os primeiros raios de Sol. Abriu os olhos e espreguiçou-se, para espantar o sono. Preparava-se para pular do colchão quando percebeu que as outras camas estavam vazias. Isso significava que seus doze irmãos tinham se levantado antes de o dia clarear, para começar os trabalhos do dia.

Levantou da cama depressa, até um pouco assustado, vestiu a túnica colorida que o pai fizera especialmente para ele, pegou um pedaço de pão e saiu da casa rapidamente. Assim que chegou ao pátio, encontrou o pai tirando leite das cabras.

– Bom dia, meu pai! – falou para Jacó.

– Bom dia, José – ele respondeu, com um sorriso. E comentou, brincalhão: – Levantou cedo, hein?

José deu um largo sorriso e rebateu:

– Não o bastante para acompanhar meus irmãos. Onde estão eles?

– Para os lados de Siquém, pastoreando os animais.

– Vou até lá para ajudá-los – avisou José, disparando para fora do pátio.

Jacó balançou a cabeça, resignado. José era um adolescente de 16 anos, mas parecia um menino de oito. A ingenuidade e a alegria eram suas marcas registradas. Vivia sorrindo. Nada lhe tirava o bom humor. E estava sempre disposto a ajudar. Era um pastor cuidadoso, que jamais levantava a voz ou batia com o cajado nos animais. Tratava-os com delicadeza e, em vez de lhes dar ordens, fazia pedidos e gestos para indicar o que desejava. E eles pareciam entender, pois obedeciam a todos os seus comandos.

Esse era mais um dos motivos que deixavam os irmãos com muito ciúme. Mas a razão principal para todos olharem torto para José é que, por ser o caçula da família, ganhava todas as atenções do pai.

José nascera quando Jacó já se julgava velho demais para ter outro filho. O menino então foi cercado de atenção, de cuidados, de dedicação, e por isso era seu preferido. Seus irmãos tinham muito ciúme. Achavam que ele tinha um tratamento especial e, invejosos, desejavam executar alguma vingança contra José. Afinal, todos eram filhos e todos deveriam ter o tratamento igual, comentavam entre si.

O rapaz nem percebia os sentimentos que despertava. Sua índole fazia com que visse apenas o lado bom de tudo e de todos. Estava sempre disposto a colaborar com os irmãos, a ajudá-los.

Quando dormia, José também tinha muitos sonhos, e vivia contando aos irmãos cada um deles, o que os deixava ainda mais irritados.

Certa noite, José teve um sonho muito estranho. Ele e os irmãos estavam amarrando feixes de trigo. Então, um dos feixes se levantou e ordenou aos outros:

– Levantem-se, vamos fazer uma reverência a José. – E todos os feixes de trigo fizeram um círculo ao redor dele. Em seguida, fizeram uma reverência.

Em outro sonho, o Sol, a Lua e onze estrelas – representando os onze irmãos – também faziam reverência a José.

Ao ouvir esse sonho, os irmãos ficaram mais enciumados ainda.

– Então José quer que a gente faça reverências a ele! – disse um.

– Ele se julga superior a nós – concordou outro.

O desejo de se vingar do caçula aumentou.

José nem percebia esses sentimentos dos irmãos. Um dia seus irmãos marcaram um encontro com ele na aldeia de Siquém, de Hebron. Mas, ao chegar, não os encontrou. Um homem que andava por ali avisou-o de que eles tinham ido a Dotã, e José se dirigiu para lá.

Os irmãos reconheceram José de longe por causa da túnica que Jacó havia dado a ele – e que fora motivo de tanto ciúme entre eles.

– Lá vem José, o sonhador, o favorito de papai – disse com ironia um dos irmãos, ao avistá-lo. – Tomara não venha nos contar outro sonho.

– Quem ele pensa que é? – outro dos irmãos falou, os olhos saltando para fora das órbitas. – E rapidamente perguntou aos restantes: – Por que não nos vingamos agora? Podemos matá-lo e ninguém ficará sabendo.

– Vamos matá-lo e jogá-lo numa das cavernas. Diremos a papai que uma fera o exterminou.

Ruben, o mais velho dos irmãos, pensou no pai e na vingança que os irmãos planejavam havia muito tempo. Então, disse:

– Em vez de matar o José, nós poderíamos jogá-lo no poço seco. – E apontou para um poço bem perto dele. – É só atirá-lo lá dentro. As paredes são lisas, e ele não conseguirá sair. Não é preciso matá-lo – reafirmou, silenciando sobre sua intenção de resgatar José e devolvê-lo são e salvo a Jacó, pois não concordava com o assassinato.

Os irmãos concordaram. Assim, quando José chegou perto deles, distraído, sem nem perceber a intenção dos irmãos, eles rapidamente o agarraram, tiraram sua túnica e o atiraram no fundo do poço.

José gritava, implorava para que o tirassem dali.

— Por que vocês estão fazendo isso comigo? Por quê? O que eu fiz de errado?

Os irmãos não responderam. Nem ao menos ficaram com pena de ver José tão desesperado.

— Vamos comer que já é hora — disse um deles.

Todos se sentaram para comer, menos Ruben.

— Preciso ver o que há pelos arredores — falou e saiu. Ele queria ficar sozinho para pensar numa maneira de tirar José do poço e levá-lo de volta para a casa do pai.

Os irmãos ainda estavam comendo, quando viram se aproximar um grupo de negociantes ismaelitas, com os camelos carregados de especiarias, bálsamo e mirra.

— Vamos vender José aos ismaelitas — propôs Judá. — A gente se livra dele e ainda ganha um bom dinheiro.

Todos concordaram, menos Ruben, que não estava por perto quando a caravana de negociantes parou ao lado deles.

José foi negociado com o chefe da caravana por vinte moedas de prata. Assim, como se fosse uma mercadoria e não um ser humano. De nada adiantaram seus gritos de desespero. Foi colocado no lombo de um camelo e levado embora.

Quando Ruben voltou, ficou sabendo o que eles haviam feito.

— E agora? O que vamos dizer ao nosso pai?

Pensaram um pouco e decidiram matar um cabrito, mergulhar a túnica de José no sangue do animal e levá-la para o pai. Foi assim que conseguiram levar a Jacó a prova da "morte" do caçula. Arrasado, Jacó chorou durante muitos dias e muitas noites.

No deserto, a caravana seguiu rumo ao Egito, levando o jovem José. Lá, levaram José para o mercado de escravos e ele rapidamente foi vendido a Potifar, capitão da guarda do faraó. Era um jovem bonito, com olhar meigo e, mesmo na situação em que se encontrava, continuava gentil e educado.

Na casa de Potifar, José o servia e obedecia a suas ordens. Ele fazia todos os serviços com muita dedicação, e cada vez mais foi ganhando a confiança do patrão.

José se resignara com aquela vida. E fazia tudo com amor. Acreditava que Deus nunca o abandonaria.

Potifar afeiçoou-se a ele e lhe entregou a administração doméstica. Acontece que José, além de eficiente e honesto, era muito bonito, e não demorou para que a esposa de Potifar o cobiçasse e passasse a assediá-lo.

José a rejeitava, explicando que jamais trairia a confiança do patrão. Frustrada, a mulher resolveu se vingar pela rejeição. Aproveitou um momento em que estava a sós com José para colocar um plano em prática: agarrou-o pela roupa. O jovem se debateu e conseguiu se desvencilhar de suas mãos. Mas sua túnica ficou nas mãos da esposa de Potifar.

Naquela noite, quando o oficial voltou do trabalho, ela mostrou a túnica e mentiu:

– Seu criado tentou me conquistar, mas eu recusei suas investidas e gritei. Apavorado, ele fugiu, deixando a túnica aqui.

Potifar acreditou na história. José foi preso. Mas Deus estava ao seu lado. Nunca abandonaria aquele filho de índole pura e bondosa.

O carcereiro-chefe percebeu que José era especial. Ele se dedicava às tarefas, era sempre cordato com todos, e isso fez com que ele ganhasse a simpatia do carcereiro e a responsabilidade de cuidar dos outros detentos.

Um dia, o copeiro e o padeiro do faraó se desentenderam com seu rei e foram presos. Mesmo tendo alto posto na corte, eles foram jogados ali na prisão como outros preso quaisquer. José recebeu a missão de cuidar deles, até que fossem julgados.

Certa manhã, José percebeu que os dois estavam inquietos e tristes.

– O que aconteceu com vocês? Por que estão assim? – perguntou a eles, querendo ajudá-los.

– É que tivemos sonhos estranhos e não há ninguém aqui que possa interpretá-los.

– Contem-me – pediu José. – Deus, que tem o poder de interpretar os sonhos, vai me revelar o significado deles.

O copeiro foi o primeiro a falar:

– Sonhei com uma videira da qual saíam três ramos com cachos de uva. Eu pegava as uvas e as espremia no copo do faraó, que estava na minha mão.

– Os três ramos significam três dias – disse José. – Dentro de três dias você voltará a trabalhar para o faraó. Quando isso acontecer, não se esqueça de mim, e me ajude a sair daqui. – Virou-se para o padeiro: – Como foi o seu sonho?

– Sonhei com três cestos brancos sobre minha cabeça. No mais alto estavam delícias para o Faraó, mas as aves as comiam.

– Os três cestos são três dias – José falou. – Daqui a três dias o faraó vai ordenar sua morte e pendurá-lo num mastro. As aves então vão comê-lo.

Três dias depois o faraó deu uma festa para comemorar seu aniversário. Tirou os dois homens da prisão, devolveu as funções ao copeiro e mandou enforcar o padeiro. Mas o copeiro se esqueceu de José e não pediu sua libertação. Só se lembrou dele dois anos depois, quando o faraó começou a ter sonhos inquietantes.

Num deles, sete vacas magras comiam sete vacas gordas. Em outro, sete espigas miúdas devoravam sete espigas grandes. Preocupado, o faraó chamou todos os adivinhadores do Egito, mas nenhum conseguiu interpretar seus sonhos.

Foi então que o copeiro se lembrou de José, e falou dele ao faraó, que mandou soltá-lo e levá-lo até o palácio. O faraó contou-lhe os sonhos que tivera.

– O que os sonhos querem dizer? – indagou, ansioso.

– Os dois sonhos se referem a um único fato, senhor. As vacas gordas e as espigas cheias representam sete anos de fartura; as vacas magras e as espigas miúdas significam sete anos de escassez.

– Que tragédia! Haverá como evitá-la? – quis saber o faraó.

– Sim, haverá. Encontre um homem sábio para ajudá-lo a cuidar do Egito. Depois, divida a terra e entregue cada parte a um governador.

Pegue a quinta parte da produção dos anos de fartura e armazene-a, para que no período de escassez ninguém passe fome.

Satisfeito com a resposta, o Faraó passou a considerar José um sábio. E o escolheu para ajudá-lo. Colocou em um de seus dedos o anel que usava, deu-lhe roupas de linho, colar de ouro, carruagem e uma esposa, Azenate. Com ela José teve dois filhos, Manassés e Efraim.

Durante os sete anos de fartura José percorreu o Egito, armazenando nas cidades parte da grande produção da zona rural. Por isso, nada faltou ao povo nos anos de escassez.

Enquanto isso, em Canaã, na terra de seu pai, a fome estava matando muita gente. Não havia mais o que comer. Jacó estava desesperado com o que ele e os filhos estavam passando. A miséria que via a seu redor o deixava desesperado. Quando ficou sabendo que no Egito havia trigo, pediu aos filhos que fossem até lá para buscar o alimento. Só não permitiu que um deles, Benjamim, viajasse com os outros. Receou que algo de ruim lhe acontecesse.

Os irmãos chegaram ao Egito e pediram uma audiência com o homem mais influente do Egito. José reconheceu os irmãos assim que os viu. Mas os irmãos não podiam supor que aquele era José, a quem haviam vendido como escravo.

José os acusou de espionagem. Tentando provar que não eram, eles contaram sua história.

— Somos doze irmãos, além de um que morreu. Meu pai não permitiu que nosso irmão caçula viesse junto, de medo de lhe acontecesse alguma coisa.

José, então, falou:

— Está bem! Eu vou vender trigo a vocês. Mas terão que provar que não são espiões trazendo seu irmão mais novo aqui.

Para isso, manteve preso Simeão e mandou de volta os outros irmãos para Canaã. Não sem antes montar uma armadilha contra eles: colocou de volta nos sacos de trigo todas as moedas com as quais tinham comprado o alimento. Queria saber que tipo de pessoas seus irmãos haviam se tornado e se haviam mudado para melhor.

Quando chegaram em Canaã, ao abrirem o saco de trigo, viram as moedas sobre o alimento. Rapidamente Jacó as separou e guardou.

— Vamos devolvê-las. Não quero que pensem que somos desonestos. — Foi quando os filhos disseram a Jacó que na próxima viagem havia

sido pedida a presença de Benjamim no Egito. – Jacó se negava a se separar do filho. Mas, quando a comida acabou, não teve escolha senão ceder. Pediu aos filhos que levassem moedas em dobro e presentes ao homem que vendia o trigo, sem saber que ele era José.

Os irmãos partiram. No Egito, foram recebidos por José e convidados para almoçar. José ficou emocionado ao ver o irmão. Mesmo com os olhos marejados, José mandou que colocassem na saca de trigo de Benjamim a sua taça de prata preferida. Era um ardil: depois ele mandaria seus homens em busca da taça, e os guardas acusariam Benjamim de tê-la roubado. José então determinaria que o irmão ficasse no Egito, como seu escravo, como castigo pelo "roubo" da taça. Os outros poderiam retornar a Canaã.

Quando um guarda interceptou o caminho assim que pegaram a estrada para ir para casa, os irmãos não entenderam nada. Mas logo o guarda foi falando:

— Algum de vocês está com uma taça de prata?

Como todos negassem, o empregado do palácio disse que iria revistar as sacas. Todos concordaram, pois nenhum deles se achava culpado.

Quando a taça foi encontrada na saca de Benjamim, houve um grito de horror em coro. Todos ficaram desesperados.

O guarda, então, disse:

— Vocês terão de voltar e vou levá-los até o meu patrão.

Os irmãos seguiram o guarda sem pronunciar uma palavra.

Quando se viram na frente de José, todos estavam apavorados.

— Benjamim ficará e pagará sua pena como meu escravo! — exclamou José.

— Meu pai morrerá, se Benjamim não voltar — disse Judá, dando um passo à frente.

Ao ver o desespero dos homens de sua família, José percebeu que os irmãos estavam muito diferentes daqueles que eram quando o haviam vendido como escravo. Emocionado, decidiu revelar sua verdadeira identidade. E pediu aos irmãos que não se culpassem pelo que tinham feito no passado:

— Foi Deus que fez vocês me enviarem para cá com os ismaelitas, para que a fome não acabasse com os povos. Ainda teremos cinco anos de escassez. Voltem para Canaã e peçam a meu pai que venha para cá com toda a família. Aqui vocês terão alimento e proteção.

O faraó, ao saber das novidades, ordenou a José que oferecesse carruagens a seus irmãos. Prometeu que daria a sua família a melhor terra do Egito e tudo que precisassem. Foi assim que Jacó e seus filhos viajaram ao Egito, onde se estabeleceram em Gósen. Durante a viagem, Deus apareceu a Jacó, anunciando que em terras egípcias lhe daria prosperidade e uma descendência numerosa.

Também foi assim que Jacó reencontrou seu precioso José. E foi assim que a família, novamente reunida, viveu feliz e em paz durante o reinado do faraó.

5. Esaú e Jacó

Quem tem irmãos e irmãs sabe que a convivência ideal é de cumplicidade e companheirismo. Mas também pode ser cheia de conflitos, críticas, discussões e disputas. Com Esaú e Jacó não foi diferente. Eles nunca se entenderam, desde quando estavam no ventre da mãe. Ali, naquele pequeno espaço, travavam longas batalhas. A intensa movimentação dos dois deixava Rebeca muito apreensiva. A tal ponto que decidiu conversar com Deus sobre o que estava sentindo.

O Criador deu uma resposta enigmática:

– Minha filha, duas nações estão dentro de você, e ambas vão se separar. Um povo dominará o outro. E o mais velho servirá ao mais novo.

Quando Rebeca contou ao marido Isaque sobre o que Deus dissera, ele ficou em silêncio por um longo tempo, antes de responder:

– Todos os direitos e privilégios serão daquele que nascer primeiro, como manda a tradição, Rebeca. Não há com o que se preocupar. Deus prometeu abençoar nossa família, por isso pedi tanto a Ele que nos desse um filho. E, veja, virão dois!

Logo os gêmeos nasceram. Primeiro veio Esaú. Depois, Jacó. Eram completamente diferentes, tanto em aparência física, quanto em comportamento. Esaú era muito peludo, Jacó não.

Conforme cresciam, as diferenças se tornavam cada vez mais evidentes. Esaú gostava da vida ao ar livre, de caçar e fazer o guisado que o pai tanto apreciava. Jacó preferia ficar perto dos pais.

Rebeca tinha preferência por Jacó. Isaque, por Esaú. E assim os dois foram crescendo, cada um com sua maneira de ser. De acordo com a tradição, esperavam que o primogênito fosse abençoado pelo pai, como o cabeça da família e herdeiro de todos os bens.

Mas, à medida que os dois cresciam, Esaú tornou-se o preferido do pai e Jacó, da mãe.

Certo dia, Esaú chegou dos campos com muita fome. Logo sentiu o aroma delicioso da sopa que Jacó estava fazendo.

– Jacó, me dá um pouco dessa sopa? Não comi nada hoje e estou com muita fome!

– Só se você me passar todos os direitos de primogênito.

– São seus! – Esaú respondeu sem pensar, mas também não levando a sério o pedido. – Tudo o que quero é um bom prato de sopa.

Sem pensar mais no assunto, raspou o prato até o fundo, completamente esquecido de suas palavras.

Algum tempo depois, Isaque ficou muito doente. Em seu leito de morte, chamou Esaú e pediu que ele fosse caçar e depois fizesse um guisado. Depois de comer, ele o abençoaria, pois tinha certeza que a morte se aproximava.

Esaú mais que depressa foi para o campo caçar. Queria atender com urgência o pedido do pai. Mas Rebeca, que ouvira a conversa entre os dois, chamou Jacó, o seu predileto. Contou o que ouvira e lhe deu uma ideia:

– Seu pai está quase cego. Aproxime-se com o guisado que ele gosta. Ele abençoará você no lugar de Esaú, e você receberá os direitos de primogênito.

– Mas, mãe, o pai vai desconfiar. Nossa voz é diferente, e o Esaú é peludo, eu não tenho pelos...

– Pode deixar que eu resolvo isso! Vá fazer o guisado!

Quando Jacó entrou no quarto do pai com o guisado, Isaque perguntou:

– Já está de volta, Esaú?

– Sim, meu pai. – respondeu Jacó.

Isaque não reconheceu a voz como sendo de Esaú.

– Você voltou muito rápido. Sua voz também está diferente, parece o Jacó. Aproxime-se para que eu possa tocá-lo.

Jacó estava tremendo. Para ficar peludo igual ao irmão, a mãe amarrara uma pele de cabrito sobre ele. Andava devagar, com medo que o pai descobrisse a farsa.

Isaque passou a mão nos braços do filho, sentiu os pelos, o cheiro da roupa de Esaú – que Jacó tinha posto – e teve certeza de que era seu primogênito. Comeu o guisado e deu a bênção ao seu filho, confirmando que ele seria o cabeça da família.

Isaque morreu. Quando Esaú voltou e soube que tinha perdido a herança, revoltou-se. Jurou Jacó de morte. E este fugiu para longe. Foi viver em outras terras, com outros povos.

A profecia de Deus se cumprira. A ganância de Jacó e a tramoia de Rebeca despedaçara a família.

Muitos anos depois, porém, já casado, com filhos e muitas propriedades, Jacó enviou uma mensagem a Esaú. Sentia saudade do irmão e queria se reconciliar com ele.

Esaú foi visitá-lo. Ambos se abraçaram.

E como irmãos, voltaram a viver em harmonia.

6. Moisés, encontrado nas águas

O rio Nilo trazia muitas riquezas ao Egito antigo. Na época das cheias, as águas ultrapassavam as margens e alagavam as planícies. Depois, quando o rio voltava a seu leito, deixava no solo uma camada de material orgânico que alimentava as plantações e produzia colheitas fartas.

Um dia, porém, o Nilo – o segundo maior rio do mundo em extensão, com 6.650 quilômetros, atrás apenas do nosso Amazonas – foi palco de uma aventura emocionante. Um bebê de três meses foi colocado às margens do rio pela própria mãe, protegido apenas por um cestinho de junco trançado.

Maldade? Não. Ela queria proteger seu filho do novo decreto do cruel faraó do Egito: "todo menino hebreu que nascer deve ser atirado no rio".

– Meu filho não vai morrer afogado – soluçou a mãe. – Meu lindo menininho vai ter uma boa sorte!

A esperança da mãe era de que a criança chegasse com vida a um dos dois países cortados pelo Nilo, Uganda e Sudão, e tivesse melhor sorte. Era sua única saída!

Descendente de Jacó, neto de Abrão, com quem Deus tinha feito uma aliança muito tempo atrás, prometendo às gerações que o sucederiam uma vida boa numa terra onde, segundo as palavras do Senhor, "jorravam o leite e o mel", o menino era hebreu. E o faraó egípcio receava que, caso o povo hebreu se tornasse mais numeroso do que os egípcios, poderia vir a dominá-los e a governar o país, tirando-o do trono.

Para evitar que a população hebraica aumentasse, decretou, então, que todos os recém-nascidos hebreus de sexo masculino seriam mortos. Só as meninas escapariam.

Joquebede escondeu o filho em sua casa o quanto pôde, mas assim que o menino ficou mais forte e seu choro já podia ser ouvido além das paredes, ela teve certeza de que logo seriam descobertos e o menino seria morto.

Por noites a fio, ela havia trançado o cesto de junco, e aquele seria o momento de lançá-lo à sorte.

Com sua filha, Miriam, caminhou silenciosamente até o rio. Iam devagar, tentando não fazer barulho para não atrair a atenção de ninguém.

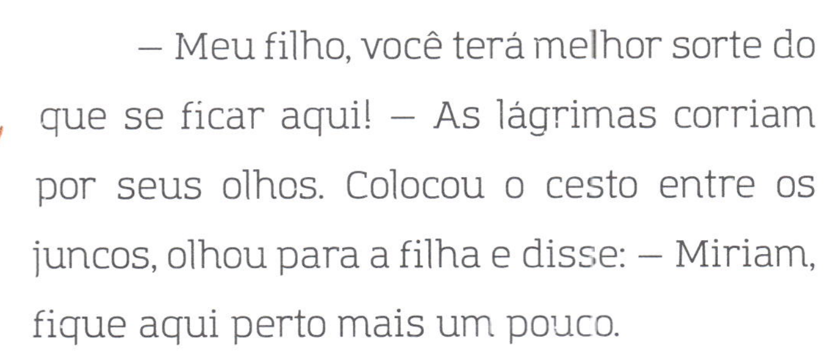

— Meu filho, você terá melhor sorte do que se ficar aqui! — As lágrimas corriam por seus olhos. Colocou o cesto entre os juncos, olhou para a filha e disse: — Miriam, fique aqui perto mais um pouco.

A mãe foi embora, mas a menina permaneceu ali, acompanhando o trajeto do cestinho pelo rio. E o cesto ficou preso entre os juncos da margem!

De repente ouviu conversas! Assustou-se! Miriam escondeu-se, para que ninguém a visse.

A princesa, uma das filhas do faraó, caminhava na direção onde estava a cesta. Miriam encolheu-se mais e mais.

De repente o bebê começou a chorar. Miriam prendeu a respiração, mas o que ela mais temia aconteceu! A princesa também ouviu o choro!

— Vocês ouviram o choro de um bebê? — perguntou ela às escravas que a acompanhavam. Diante do sinal afirmativo das mulheres, ela completou: — Vem da direção dos juncos!

Caminhou até os juncos e, ao ver o cesto, abaixou-se.

— Um bebezinho... — sussurrou com voz terna.

Para surpresa de Miriam, a princesa pegou o bebê nos braços, abraçou-o e apertou-o junto ao corpo. Imediatamente o bebê parou de chorar.

— Esse bebê parece ser hebreu... — disse ela, reconhecendo as roupas do menino — Não posso levá-lo para o palácio, senão meu pai mandará matá-lo. Como salvá-lo?

Ao ver tanto amor nos olhos da princesa, Miriam criou coragem, saiu do seu esconderijo e disse:

– A senhora precisa de alguém que cuide do bebê?

Assustada, a princesa olhou para ela e perguntou:

– Quem é você?

– Moro aqui perto e estava passeando. Ouvi o que a senhora disse. – Olhou para o menino e completou: – Conheço uma família que ficará muito feliz em criá-lo.

Como a princesa abanou a cabeça afirmativamente, Miriam falou:

– Espere um pouco, eu já volto.

Foi correndo até sua casa e contou para a mãe o que havia acontecido.

Joquebede correu até o rio para falar com a princesa.

– Cuide bem dele. Quando ele crescer, leve-o até mim. Eu o criarei como meu filho – disse a princesa, quando lhe entregou o bebê. –Pagarei um salário a você e o protegerei.

– Sim... – Joquebede sussurrou, trêmula de alegria, e se virou para voltar para casa.

– Moça! – chamou a princesa.

Joquebede tremeu. Será que ela mudara de ideia?

– Chame-o "Moisés", que significa "aquele que vem da água".

– Sim, claro! – Ela suspirou aliviada.

Ela e a filha fizeram reverência para a princesa em sinal de respeito. Joquebede apertou o pequeno Moisés contra o peito e rumou para casa o mais rápido que pôde. Tinha, de novo, seu filho nos braços! E não precisaria mais escondê-lo, pois era protegido da princesa!

A vida na casa voltou à rotina. A mãe educava os filhos e falava a Moisés sobre o Deus que o havia salvo da morte. O Deus que olhara por ele antes que as águas do rio Nilo o levassem. E assim Moisés foi crescendo, até que chegou o dia de ir viver no palácio.

Despediu-se da mãe e prometeu que nunca se esqueceria de que era um hebreu e que um dia ajudaria seu povo a sair da escravidão.

E não se esqueceu. Mesmo vivendo como um egípcio, na riqueza e na fartura, ele sabia que na hora certa Deus lhe mostraria o caminho para ajudar seu povo. Doía seu coração ao ver o sofrimento dos hebreus. Tinha de conter as lágrimas ao vê-los sofrer.

Mesmo sabendo que não podia fazer nada, não se conteve ao ver um egípcio agredindo cruelmente um hebreu. Moisés defendeu o hebreu, o que fez com que muitas pessoas comentassem o ocorrido.

O faraó descobriu seu segredo. Cheio de ira, determinou:

— Encontrem Moisés. Eu mesmo vou matá-lo.

Moisés abandonou o Egito e foi para a terra de Midiã. Ele, que só pensava em defender seu povo, libertá-lo, precisara fugir para salvar a própria vida.

A vida de Moisés mudou. Em Midiã, casou-se e tornou-se um humilde pastor de ovelhas. Porém, seu povo jamais foi esquecido. Sabia que um dia Deus lhe mostraria como ajudar aqueles que estavam no Egito, sob a dura mão do faraó.

Passaram-se alguns anos e, numa tarde, Moisés estava pastoreando as ovelhas perto do monte Sinai, quando recebeu o chamado de Deus.

– Moisés, sou o Deus de Abrão. Os hebreus precisam ser libertados, e você irá conduzi-los para uma nova terra. Traga meu povo até esta montanha. Eu vou ajudá-lo.

Moisés sentia o corpo todo tremer. Como ele, um homem simples, um pastor de ovelhas, conseguiria libertar seu povo? Não. Ele saíra fugido de lá. Como voltar? Como falar com o povo, se todos o consideravam um traidor, por ter sido criado como egípcio?

Deus lhe deu a solução:

– Peça a seu irmão Arão para falar com o povo em seu nome. E leve seu cajado, pois ele será muito importante para que todos saibam que você é um enviado de Deus.

Obedecendo às ordens de Deus e confiando que Ele o ajudaria, Moisés partiu, junto com a mulher e os filhos, para o Egito.

Confiava em Deus e faria conforme ele lhe havia dito. Não havia nada a temer. Ao chegar, foi procurar o faraó, que se revoltou ainda mais contra os hebreus, castigando-os sem piedade.

Deus, então, disse a Moisés:

– Vá até o faraó e diga a ele que se os hebreus não forem libertados, o Egito passará por acontecimentos terríveis.

Moisés cumpriu o prometido e, como haviam se passado vários anos, o faraó não o reconheceu.

O faraó não deu ouvidos a Moisés. E ainda zombou dele:

– Quem você pensa que é? Você é um pobre pastor de ovelhas. Acha que seu Deus vai fazer alguma coisa? Você é um simplório crédulo!

Deus cumpriu sua promessa. E enviou, utilizando o cajado de Moisés como instrumento, uma calamidade atrás da outra, castigando os egípcios. Nada acontecia aos hebreus. Foram nove pragas. A cada uma delas, o faraó, temeroso, procurava Moisés e lhe dizia.

– Peça a seu Deus que acabe com a praga e deixarei seu povo ir embora!

Mas logo que tudo voltava ao normal, o faraó não cumpria sua promessa.

Foram nove calamidades, mas o coração do faraó não se abrandou.

Moisés pediu a ele, implorou, pediu que pensasse no povo egípcio. Mas nada comovia o faraó.

– Saiam daqui! Não quero vê-los nunca mais aqui no meu palácio!

— Faraó, o senhor não nos verá mais. — Bateu o cajado no chão e falou: — Deus mandou a seguinte mensagem para o senhor: "À meia--noite eu passarei por toda a terra do Egito, e o primogênito de cada família morrerá, desde o mais rico até o mais pobre. Haverá muito choro e luto no Egito".

O faraó não se importou com a mensagem de Deus. Moisés e Arão saíram do palácio e foram avisar a todos os hebreus o que deveriam fazer para que nenhum de seus primogênitos fossem mortos.

— Manchem com o sangue de uma cabra a porta de entrada de suas casas. Fiquem dentro de casa. O sangue na porta mostrará que vocês são hebreus e seu primogênito estará a salvo da morte.

E assim foi feito. Nenhum primogênito hebreu foi atingido pela décima praga, mas todas as famílias egípcias estavam de luto.

Diante de tanta tragédia, o faraó chamou Moisés e seu irmão e disse:

— Sumam daqui, vocês e seu povo!

Protegido por Deus desde o nascimento, Moisés finalmente pode salvar os hebreus e os conduzir à Terra Prometida.

7. A travessia do mar Vermelho

— Não posso fazer isso, Senhor. Ninguém vai acreditar quando eu disser que o vi e que conversamos.

Moisés, desanimado, tentava mostrar a Deus que não era a pessoa mais indicada para convencer os hebreus a sair do Egito, onde eram tratados pelo faraó como escravos. Moisés, você vai se lembrar, era o menino encontrado no rio Nilo. Ele cresceu, foi adotado pela filha do faraó, viveu no palácio e se tornou respeitado por todos. Um dia, decidiu sair para ver a situação de seu povo, os hebreus. Ao constatar que eram oprimidos e humilhados, e que faziam os trabalhos mais pesados, começou a pensar em como ajudá-los. Foi quando Deus apareceu, propondo que os hebreus partissem para Canaã, terra de seus ancestrais. E escolheu Moisés para liderar a empreitada.

Mas Moisés resistia. Precisaria convencer os hebreus a partir, convencer o faraó a permitir a viagem, conduzi-los pelo deserto, pelas montanhas e, por fim, cruzar o Mar Vermelho. Era um plano impossível. Se conseguissem sair do Egito, decerto morreriam no deserto, nas montanhas ou afogados no mar.

Para Deus, porém, nada é impossível. Por isso, algum tempo depois das negativas iniciais de Moisés, ele mesmo lutou junto ao faraó para libertar os hebreus. E partiu à frente de mais de 600 mil hebreus, milhares de cabeças de gado, jumentos e objetos, rumo a Canaã.

Chegar até ali não fora fácil. O faraó não queria deixá-los partir, e Deus precisou intervir para fazer que ele mudasse de ideia. Enviou dez pragas para o Egito – transformou as águas dos rios em sangue; infestou o país com rãs; depois com mosquitos; com moscas; mandou uma peste infectar os animais; pôs úlceras nos homens; enviou uma chuva de pedras que destruiu quase tudo; uma praga de gafanhotos comeu o que restou; cobriu o país com uma nuvem espessa e escura, e por três dias ninguém foi capaz de ver coisa alguma; por fim, matou todos os primogênitos do Egito, incluindo o filho do faraó. Depois de tudo isso, o soberano expulsou de seu país os hebreus.

E, agora, ali estavam eles, montando acampamento diante do Mar Vermelho, última etapa da viagem a Canaã, antes do deserto. De repente, um ruído alto chamou a atenção de todos. Por entre as montanhas puderam ver o exército do faraó, com 600 carros e milhares de cavaleiros, avançando na direção da praia. Desesperaram-se, mas Deus logo colocou uma nuvem espessa entre o acampamento e o exército egípcio, que não conseguiu atacar.

— Moisés — chamou Deus —, está na hora de partir. Reúna o povo e peça-lhe que se poste diante do mar. Estenda seus braços sobre a água, que se dividirá ao meio para que todos possam passar.

Moisés obedeceu, e o Senhor fez soprar um vento forte, que afastou as águas para a esquerda e para a direita; então elas formaram dois muros altos em torno do caminho seco e seguro que se abriu no meio do mar, por onde os hebreus começaram a passar.

Surpreso com o que via, o faraó ordenou que os egípcios perseguissem a caravana, e comandou o exército até o meio do mar.

Deus não esperou um só segundo. Instalou a confusão entre eles, emperrando as rodas dos veículos e impedindo que avançassem. Então pediu a Moisés que estendesse mais uma vez os braços sobre o mar. Moisés obedeceu e viu as águas voltando a seu lugar, engolindo os egípcios, seus carros, seus cavalos e cavaleiros.

Já salvos, os hebreus entoaram um canto de louvor a Deus. E ninguém mais teve dúvidas: Deus reinaria em toda aquela terra.

8. Sansão e Dalila

A gravidez já estava no fim. A mãe, com a mão sobre a barriga, pensava em como seria seu filho. O que ele seria no futuro? O que faria? Estava tão envolta nos pensamentos que assustou-se ao perceber um anjo se aproximando.

Mansamente, o anjo disse:

— Você terá um filho nazireu.[4]

— Nazireu?

Diante do espanto da mãe, o anjo continuou:

---

4 A palavra designa, dentro da Torá, livro sagrado hebraico, alguém que fez um voto de estar a serviço de Deus durante um tempo determinado ou por toda a vida. No caso de Sansão, a própria mãe é aconselhada pelo anjo a fazer o voto.

– Sim! Seu filho será muito especial e terá sua vida, do nascimento à morte, consagrada a Deus. Por isso ele não poderá ingerir nada que venha da uva. Também não deve tomar bebidas alcoólicas, comer alimentos impuros e tocar cadáveres. Seu cabelo jamais poderá ser cortado. Em troca, a força de Deus o acompanhará e o tornará invencível.

Sansão cresceu e, como todos os jovens, se apaixonou por uma bela mulher. Mas era uma jovem nascida entre o povo filisteu, inimigo dos hebreus.

Por ser um nazireu, Sansão deveria se casar com alguém como ele, que fosse da religião judaica. Mas o amor por ela era muito, mas muito forte, e Sansão não desistiu até se casar com a amada.

Deus não permitiu que ele vivesse com a jovem: sempre lhe dava alguma missão que afastava Sansão de casa. O pai da jovem, ao ver tudo o que acontecia, permitiu que outro homem desposasse a filha.

Sansão ficou enlouquecido de dor. Tomado pela ira de Deus, capturou trezentas raposas e amarrou tochas no rabo de cada uma delas. Acendeu uma por uma e soltou os animais nas plantações dos filisteus.

– Não posso ter minha amada, mas nada sobrará para vocês viverem.

Ficou ali, parado, observando as plantações serem devastadas pelo fogo.

Mas a vingança dos filisteus, povo inimigo, não demorou. Incendiaram a casa de Sansão e botaram fogo em sua amada.

A dor parecia explodir no peito de Sansão. Revoltado, ele perseguiu os homens que mataram a mulher que ele amava. Foi um massacre.

Sansão sabia que os filisteus o perseguiriam, então foi se esconder na caverna de Etam.

Quando os filisteus chegaram, dispostos a arrasar com tudo ao redor, os amigos de Sansão decidiram amarrá-lo e entregá-lo aos inimigos, criticando-o por lhes causar problemas.

Mais uma vez a ira de Deus o dominou. Sansão arrebentou as cordas que o prendiam, pegou uma queixada de jumento que estava caída perto dele e, fazendo-a de arma, eliminou mais de mil filisteus.

Desorientado, caminhou por algum tempo, sem ter parada. Sansão chamava a atenção por onde passava por causa do seu longo cabelo. Ele nunca, nunca cortara o cabelo. E nunca revelara a ninguém o que sua mãe lhe contara: que era um nazireu e que sua força estava em seus cabelos.

Quis o destino que ele se estabelecesse em Gaza, onde conheceu outra filisteia, Dalila, por quem se apaixonou.

Cansados do tratamento violento que Sansão lhes dispensava, os príncipes dos filisteus foram procurar Dalila.

– Você precisa seduzi-lo e descobrir o segredo de sua força. Nos lhe daremos uma recompensa que a deixará numa situação muito confortável.

Dalila fez o que os príncipes mandaram. Por três vezes ela tentou descobrir o segredo dele, e por três vezes Sansão a enganou, mentindo sobre o motivo que o tornava invencível. Mas Dalila tinha uma missão e não desistiria facilmente. Todos os dias fazia a mesma pergunta, procurando descobrir a verdade.

Por mais que Sansão resistisse, ele tinha um problema: estava apaixonado.

"Para ela eu posso contar", pensou. "Ela me ama!"

– Sansão, de onde vem sua força? – perguntou Dalila, mais uma vez.

Ele, então, deu-se por vencido e disse-lhe a verdade:

– Minha força vem dos meus cabelos, que jamais foi cortado.

– É por isso que usa esses cabelos tão longos?

Sansão balançou a cabeça, dizendo:

– No dia que cortarem meus cabelos, meu vigor desaparecerá e voltarei a ser um homem comum.

Um sorriso contornou os lábios de Dalila. Sua missão estava cumprida. Assim, ela fez chegar a notícia aos príncipes filisteus, que se

dirigiram a sua casa. Levavam a prata que lhe tinham prometido caso conseguisse arrancar do amado o seu grande segredo.

À noite, ela fez com que Sansão dormisse em seu colo e, como combinado, um filisteu entrou e cortou as sete tranças do cabelo do hebreu.

Ao acordar, avisado por Dalila que os filisteus estavam prestes a atacá-lo, ele tentou reagir. Em vão. Sua força o abandonara. O espírito de Deus o abandonara. Foi atacado, torturado. Finalmente, furaram seus olhos.

— Levem-no para a prisão!

Sansão foi conduzido ao cárcere. Estava mais morto do que vivo. Ferido no corpo. Ferido no coração. E ferido na alma, pois sabia que errara ao revelar o segredo que um nazireu de Deus deve guardar para sempre!

O tempo foi passando sem que os guardas se dessem conta de um pequeno detalhe: o cabelo de Sansão começava a crescer.

Este foi um erro fatal! Pois, numa comemoração ao deus Dagon, em quem os filisteus acreditavam, resolveram levar Sansão para diverti-los. Ele obedeceu, com aparente humildade, e fez tudo o que lhe pediram. Foi humilhado, foi motivo de gargalhadas, mas nada o abalou.

Quando terminou a diversão do povo e mandaram que o retirassem de lá, ele fez um pedido ao homem que o guiava:

– Pode me levar até as colunas que sustentam o palácio? Eu gostaria de tocá-las.

Como iriam passar por lá, o homem não viu nada de estranho no pedido daquele homem cego e fraco.

Sansão, então, abriu os braços, tocou as colunas e invocou a força de Deus. Imediatamente, suas forças voltaram. Ele começou a sacudir as colunas com tanta violência, que destruiu o palácio em poucos minutos. Não houve chance de ninguém escapar.

Mais de três mil pessoas morreram na hora. Entre elas estava Sansão.

Seus irmãos recolheram seu corpo e o enterraram na sepultura da família, ao lado do pai. Terminava ali uma vida de ira e de vingança. Uma vida de luta, onde Sansão tanto sofreu por amor.

9. Davi e Golias

Durante muitos anos, durante o governo do rei Saul, Israel ficou mergulhado em guerras. Finalmente, o senhor Deus disse ao profeta Samuel:

– Não desejo que Saul continue a ser rei de Israel. Vá até Belém, na casa de um homem chamado Jessé, pois escolhi um dos filhos dele para ser rei.

Samuel assustou-se. Como enfrentar um rei? Mesmo assim, obedeceu ao Senhor. Foi até Belém e convidou Jessé para o sacrifício de um bezerro. Quando Jesse se aproximou com seu filho Eliabe, o profeta Samuel pensou:

"Este rapaz tem porte e altura. Ele será o rei."

Mas Deus lhe disse:

– Não se impressione com a aparência desse homem. Eu olho para o coração.

Jessé apresentou então todos seus outros filhos. E Deus não escolheu nenhum. Samuel perguntou:

– Não tem outro filho?

– Tenho sim, é meu caçula, Davi, mas ele está pastoreando as ovelhas.

Quando Davi chegou, Samuel notou que era um bonito rapaz, de olhos brilhantes. O Senhor segredou a Samuel.

– É este! Depois do sacrifício do bezerro, ele deve ser ungido como rei de Israel.

Samuel pegou um chifre cheio de azeite que trazia consigo e ungiu Davi. Desde aquele momento, o espírito de Deus ficou com ele.

Mas Saul continuava no trono, cada vez mais atormentado por maus pensamentos. Para acalmar-se, resolveu:

– Vamos chamar alguém que toque bem a lira.[5]

Um dos conselheiros lembrou justamente de Davi, filho de Jessé.

– O rapaz toca bem a lira, e tem boa aparência. Vamos chamá-lo.

Jessé enviou Davi para o palácio, e ele se tornou músico de Saul. O rei se afeiçoou a ele, pois, quando Davi tocava a lira, ele se sentia melhor, com o coração mais leve.

---

5 A lira é um instrumento de cordas, com uma caixa de ressonância, amplamente utilizada na Antiguidade.

Foi então que os filisteus se uniram para guerrear novamente com Israel. E desta vez trouxeram consigo um guerreiro excepcional. Era o gigante Golias, com quase três metros de altura. Usava uma armadura de bronze e um capacete também de bronze. Sua lança era enorme e pesada. Somente a ponta pesava mais de sete quilos. Golias desafiou os israelitas:

— Por que estão em posição de combate? Escolham um de seus homens para lutar comigo. Se ele me vencer, nós seremos escravos de vocês. Mas se eu for o vencedor, a vitória será nossa. Vocês serão nossos escravos! Mandem alguém para lutar comigo.

O rei Saul e seus soldados se assustaram. Entre eles, não havia ninguém capaz de derrotar aquele gigante!

E assim, durante quarenta dias Golias desafiou os israelitas. Nenhum guerreiro israelita se atreveu a aceitar o combate.

Davi fora visitar seu pai, Jessé. Voltou carregado de pães e queijos para os irmãos, que estavam no acampamento, e para o comandante. Chegou justamente quando os israelitas estavam se alinhando para o combate. Davi correu para a frente do exército, para ver seus irmãos. E, mais uma vez, o gigante Golias lançou seu desafio. Os israelitas fugiram, também mais uma vez apavorados.

Davi perguntou a um soldado que estava próximo:

– O que ganhará o homem que vencer o gigante?

– Grandes recompensas! O rei lhe proporcionará riquezas e a mão de sua filha!

Seus irmãos brigaram:

– Davi, vá cuidar das ovelhas de nosso pai!

– Eu não posso nem fazer uma pergunta? – respondeu o rapaz.

Vários soldados, porém, contaram ao rei Saul sobre a curiosidade de Davi. O rei o chamou e Davi lhe disse:

– Meu senhor, eu vou vencer esse filisteu.

– Você não passa de um rapazinho, nunca lutou num exército. Não tem condições de vencer esse gigante.

Davi respondeu respeitosamente:

– Meu senhor, eu cuido das ovelhas do meu pai. Quando um urso rouba uma ovelha, eu vou atrás dele e a tomo de volta! O Senhor Deus me salvou todas as vezes em que tive que enfrentar esses ursos e até mesmo leões. E também estará comigo ao lutar contra o gigante.

Saul não tinha alternativa. Até agora nenhum guerreiro israelita se dispusera a enfrentar o gigante Golias. Tomou uma decisão.

– Então vá, e que o Senhor esteja com você!

O rei ofereceu sua própria armadura para Davi. Pôs um capacete de bronze em sua cabeça e lhe deu uma couraça para vestir. Davi prendeu a espada de Saul na cintura. E nem conseguiu andar!

Davi tirou tudo. Pegou o seu bastão, escolheu cinco pedras lisas e levou sua funda.[6]

Davi dirigiu-se ao campo de batalha e apresentou-se para lutar contra Golias. Golias riu:

– Quem pensa que é para me derrotar?

O gigante lançou a maldição de seus deuses sobre ele, mas Davi tinha o Senhor a seu lado.

– Venha! – gritou Golias – Eu darei seu corpo para as aves e animais devorarem.

Davi respondeu com tranquilidade:

– Eu o enfrentarei em nome de Deus Todo-Poderoso. Todos verão que Deus não precisa de espadas ou lanças para salvar seu povo.

Golias caminhou em direção a Davi. Este correu na direção da linha de batalha dos filisteus. Enfiou a mão em sua sacola, tirou uma pedra, colocou na funda e a atirou em Golias.

Davi tinha boa mira!

---

6 A *funda* é uma arma de arremesso constituída por uma correia ou corda dobrada, em cujo centro é colocado o objeto que se deseja lançar.

A pedra entrou na cabeça de Golias e este caiu no chão. Davi correu até ele e, usando a própria espada do gigante, cortou sua cabeça.

Ao perder seu melhor guerreiro, apavorados, os filisteus fugiram.

E Davi levou a cabeça de Golias ao rei Saul.

O rei o levou para viver em seu próprio palácio, para sempre! Sua filha, Mical, apaixonou-se por Davi e casou-se com ele. Davi tornou-se um general famoso, pois vencia todas as batalhas. E mais tarde, rei de Israel.

Seu reinado foi longo e aumentou a grandeza de Israel. Pois Davi sempre cumpriu os mandamentos de Deus e foi recompensado com uma vida repleta de glórias e dignidade.

10. Um coração que escuta

O templo era magnífico. Fora construído com pedras brancas, típicas da região, cortadas sob medida e tornadas planas, além de placas e toras de cedro e cipreste do Líbano, a melhor e mais nobre madeira do Oriente Médio. Também do Líbano tinham vindo trabalhadores especializados, o mais habilidoso artesão e folhas de ouro que revestiram a parte externa do templo. Em seu interior, podia-se ver no teto e nas paredes o cedro[7] mais perfeito de que se ouvira falar. No chão, cipreste.[8]

---

7 O cedro pertence à divisão de *Magnoliophyta*, do grupo das espécies angiospérmicas. É uma árvore da família *Meliácea*. A sua madeira é amplamente usada na fabricação de móveis, como cadeiras, mesas, armários, utilitários e instrumentos musicais. É considerada uma madeira nobre. Sua madeira tem reflexos dourados e é muito resistente a cupins, por exemplo.

8 *Cipreste* é o termo genérico aplicado a uma grande variedade de espécies de árvores coníferas da família das Cupressáceas, ou família dos ciprestes. Muito utilizada como árvores ornamental e para a produção de madeira.

Deslumbrantes eram também os adornos, as esculturas, os baixos--relevos, os enfeites vistos em toda parte, todos revestidos de ouro.

Quando o Sol nascia, os raios batiam no templo, que resplandecia e encantava a todos. O brilho era visto de longe e lembrava aos fiéis da presença de Iavé, o Deus dos hebreus. Muitos prestavam homenagens a Ele mesmo estando longe da imponente construção.

O responsável pela empreitada foi Salomão, filho de Davi, rei dos hebreus. Depois da morte do pai, ao assumir o trono, Salomão tratou de cumprir a tarefa que Deus lhe confiara: construir um templo em Seu nome para que as pessoas O louvassem sem precisar recorrer a altares muitas vezes improvisados em locais distantes.

Aquela era uma época de paz, e por isso Salomão teve tempo e tranquilidade para planejar e construir o templo, além de seu palácio e a grande muralha ao redor da cidade. Era um jovem decidido, que em sonho

recebera as graças de Deus por Lhe ter pedido não riqueza e poder, mas "um coração que escuta" para governar com justiça e distinguir o bem e o mal. Jeová então lhe deu sabedoria e discernimento, como ninguém tivera antes e ninguém teria depois.

– Dou-lhe também riqueza e glória, que nenhum rei será capaz de superar. E, se você seguir meus mandamentos, terá também vida longa.

Jovem, casado com a filha do faraó do Egito, Salomão era respeitado por todos, fossem seus súditos, fossem os soberanos dos reinos vizinhos. Sua fama de homem sábio e justo corria todo o Oriente. Conhecia os mais variados assuntos e amava as artes. Sabia tudo sobre plantas, peixes, répteis, aves, quadrúpedes. Vinha gente de todo lugar para ouvi-lo e pedir conselhos.

Quando o templo ficou pronto, Salomão convocou os anciãos da comunidade para levar até ele, junto com os sacerdotes, a Arca da Aliança,[9] que se encontrava na Cidade de Davi. Nesse dia, o templo foi tomado por uma nuvem grande e espessa: a nuvem de Deus. Salomão ficou feliz ao ver que Deus aprovara a casa que ele construíra para louvá-Lo. Então, se voltou para o povo, que estava em frente ao templo, para fazer as orações e os discursos. Pediu proteção a todos os habitantes daquela terra e aos estrangeiros. Pediu paz. Pediu honestidade.

Salomão era adorado por todos por ser justo e generoso. Naquele tempo, uma das maneiras de expressar a admiração e reverenciar alguém

---

9 Segundo o livro do Êxodo, a montagem da Arca foi orientada por Moisés, que, por instruções divinas, indicou seu tamanho e forma. Nela foram guardadas as duas tábuas da lei, a vara de Aarão e um vaso do maná. Estas três coisas representavam a aliança de Deus com o povo de Israel. Para os israelitas, a Arca não era só uma representação, mas significava a própria presença de Deus.

era dar de presente o que havia de melhor em suas terras. Todo o mundo procurava para ouvir a sabedoria que Deus lhe pusera no coração. Cada um trazia o seu presente: objetos de prata e de ouro, roupas, armaduras, especiarias, cavalos e mulas. Assim, ano após ano, Salomão e o templo que construíra em homenagem a Deus eram visitados por mais e mais pessoas. Reis, rainhas, camponeses, artesãos.

Rico em bens, em propriedades, em ouro e em prata, Salomão, quando ia se deitar, olhava para o alto e dizia para si mesmo:

— A minha maior riqueza é minha fé![10]

---

10 O Templo de Salomão foi pilhado várias vezes ao longo dos séculos. E teria sido destruído por Nabucodonosor II, rei da Babilônia, em 586 a.C. Décadas mais tarde, em 516 a.C, após o regresso dos judeus do cativeiro na Babilônia, foi iniciada, no mesmo local, a construção do segundo templo. Na época de Jesus, Herodes, o Grande, querendo agradar os judeus, reconstruiu o templo. Mas este foi destruído pelo general romano Tito em 70 d.C, após uma grande revolta judaica. Hoje, o que resta do templo são seus muros. É conhecido como o Muro das Lamentações, e é usado como local de orações pelos judeus ortodoxos e também por membros de outras religiões. A grandeza do Muro das Lamentações nos faz imaginar a beleza e o tamanho gigantesco do templo original, construído por Salomão. Fica em Jerusalém.

11. A rainha Esther

O chefe dos conselheiros do rei entrou num dos amplos salões onde os súditos de Assuero, rei da Pérsia, participavam do banquete anual que comemorava a ascensão do soberano ao trono. Passos firmes, postura reta, ele tinha um sorriso como que pregado no rosto enquanto cumprimentava serenamente os convidados. Parecia ter o mundo sob controle.

Mas era só impressão. Na verdade, o conselheiro tinha um enorme problema para resolver: durante a festa, persas e medos[11] iniciaram uma discussão sobre qual dos dois povos contava com as mulheres mais belas.

---

11 Os *medos* foram uma das tribos de origem ariana que migraram da Ásia Central para o planalto Iraniano, posteriormente conhecida como Média, e, no final do século VII a.C., fundaram um reino centrado na cidade de Ecbátana. Sua língua pertencia ao tronco indo-europeu.

Os medos destacaram-se pela administração de seu reino, especialmente organizada em comparação aos grandes reinos da época, como a Assíria, a Lídia e a Fenícia. Também mantinham um exército baseado em infantaria armada com espadas de ferro e escudos, arqueiros e cavaleiros com lanças. As demais tribos arianas, como os persas e os partos, permaneceram tributários dos medos por vários séculos. Atualmente os curdos declaram ser os atuais descendentes dos medos.

Assuero então mandara chamar sua esposa, a rainha Vashti, originária da Caldeia e famosa por sua beleza, para exibi-la aos convidados e encerrar a discussão. Naquele momento, o conselheiro voltava com a resposta. Aproximou-se do rei e segredou-lhe ao ouvido:

— Majestade, a rainha disse que não virá. Manda avisar que não é um objeto para ser exposta em público.

— Como assim, não virá? E que resposta malcriada é essa que ela envia? — espantou-se Assuero. — Quem decide as coisas aqui sou eu, e ordenei que ela viesse! — acrescentou, alterando a voz.

— Por favor, majestade, acalme-se e fale baixo. Não queremos chamar a atenção de ninguém para esse pequeno problema doméstico, não é mesmo?

— O problema não é pequeno, meu caro. É enorme e de consequências políticas imprevisíveis. Meus adversários acabarão com minha reputação ao saber que a rainha não obedece às minhas ordens. As mulheres do reino podem querer seguir o exemplo e desobedecer a seus maridos. Eu mesmo deixarei de ser respeitado por meus súditos!

— Tem razão, majestade. Reuni os conselheiros antes de vir lhe falar exatamente por prever essa situação difícil. E temos uma solução.

Os olhos do rei brilharam.

— Qual é? Conte-me logo!

— Como rei, sua Majestade tem que reagir à altura. Deve se separar da rainha Vashti e encontrar outra esposa, que seja dócil e submissa.

Assuero sentiu uma pontada no coração. Gostava de Vashti, mas ultimamente a esposa vinha lhe causando problemas. Talvez a separação fosse realmente a melhor saída.

— Solução aceita — ele respondeu ao conselheiro, antes que se arrependesse e mudasse de ideia. — Cuide de tudo e procure entre as boas famílias do reino candidatas ao posto de rainha, que neste momento declaro vago.

— Perfeito. Se me dá licença, vou agora mesmo começar a procurar uma noiva à altura de Sua Majestade.

O conselheiro saiu tão silenciosamente quanto entrara, com os mesmos passos firmes, a mesma postura ereta, o mesmo sorriso forçado pregado no rosto.

Poucos dias depois Vashti não só deixou de ser rainha, como foi condenada à morte, por afrontar seu soberano. E de todo o reino os conselheiros traziam mulheres jovens e bonitas para que o rei escolhesse aquela que seria a nova rainha.

Uma dessas mulheres era Esther, criada pelo tio Mordechai, judeu da tribo de Benjamin[12] que vivia na capital persa. O tio, que a considerava uma filha, bem que tentou escondê-la, mas os conselheiros a encontraram e a enviaram ao palácio. Antes que ela partisse, Mordechai a alertou:

– Jamais conte sobre sua origem, querida. Não diga que é minha sobrinha nem que é judia.

– Está bem, meu tio. Farei como o senhor me pede.

E lá se foi Esther para o palácio, onde, sob a guarda de um homem chamado Hegai, submeteu-se, como as outras, a um tratamento de beleza que durou quatro anos. Somente depois disso elas foram levadas ao rei. Todas se enfeitaram e se maquiaram, exceto Esther, que preferiu apresentar-se sem nenhum artifício.

Ao vê-la, linda, sem necessidade de pintura no rosto ou no cabelo, sem enfeites, Assuero se apaixonou de imediato. Pegou a coroa e colocou-a na cabeça de Esther, tornando-a a nova rainha da Pérsia.

---

12 O povo de Israel era dividido entre doze tribos. A *tribo de Benjamim* era uma delas. Recebeu o nome do filho mais novo de Jacó (Israel) e Raquel. A origem das 12 tribos de Israel está descrita em Gênesis 29 , 30 e 35. 16-22. Ali vemos descritos os nascimentos *dos 12 filhos de Jacó* que também tinha o nome de Israel. Esses doze filhos foram: Rubén, Simeão, Levi, Judá, Dã, Naftali, Gade, Asser, Issacar, Zebulom, José e Benjamim. Mas esses 12 nomes ainda não correspondem exatamente às 12 tribos de Israel. Mais tarde, depois da fuga do povo de Israel do Egito, Deus define que a tribo de Levi seria uma tribo separada para servi-Lo (principalmente como sacerdotes e em ministérios diversos no culto a Deus), e que não teria um território específico na Terra Prometida. No lugar dela e no lugar de José, assumem o posto de tribos de Israel Manassés e Efraim. A partir daí, o povo de Israel é organizado em 12 tribos (povos), sendo: 1 Ruben, 2 Simeão, 3 Judá, 4 Dã, 5 Naftali, 6 Gade, 7 Asser, 8 Issacar, 9 Zebulom, 10 Manassés, 11 Efraim e 12 Benjamim. Dentro dessa organização, as pessoas da tribo de Levi vivem entre seus irmãos, em seus territórios, cumprindo as ordens de Deus de serem separados para o ministério do Senhor. Então não são contados entre as 12 tribos.

Obediente ao tio, ela escondeu sua origem judaica, embora continuasse obedecendo o Shabat[13]. Para fazer isso teve de usar de um artifício, uma vez que no palácio havia festas todos os dias e por isso ninguém conseguia identificar os dias da semana. Esther, muito inteligente, decidiu dar a suas damas de companhia o nome desses dias, e pediu que cada uma a servisse na ordem correta, estabelecida por ela de acordo com a sucessão dos sete dias. Assim, "Sol" a servia no domingo; "Dia de Trabalho" na segunda-feira; "Jardim" na terça-feira e assim por diante. Quando "Repouso" a atendia, Esther sabia que era sábado, o Shabat.

Certo dia, não muito tempo depois de Esther ter sido coroada, Mordechai, que conseguira uma emprego no palácio real para ficar perto da sobrinha, mandou-lhe uma mensagem: descobrira uma trama para assassinar o rei. Esther avisou Assuero, que se livrou da morte e mandou enforcar os traidores.

Em seguida, nomeou um novo primeiro-ministro: Haman. Ele mandava e desmandava. Só o rei era mais importante do que Haman. E o primeiro-ministro decidiu que todos deveriam saber da sua importância. Todos, sem exceção.

---

13 O termo *Shabat* significa descanso. Também grafado como *sabá* (português brasileiro) ou *sabat* (português europeu), é o nome dado ao dia de descanso semanal no judaísmo, simbolizando o sétimo dia em Gênesis, após os seis dias de Criação. Apesar de ser comumente dito ser o sábado de cada semana, para os judeus, o shabat é observado a partir do pôr do sol da sexta-feira até o pôr do sol do sábado. O exato momento de início e final do shabat varia de semana para semana e de lugar para lugar, de acordo com o horário do pôr do sol. O shabat é observado tanto por judeus quanto por alguns cristãos evangélicos.

Para isso, baixou uma lei que todos deveriam se ajoelhar diante dele. Ninguém poderia ficar de pé quando ele passasse. Mas Mordechai não se ajoelhava! E ele tinha um grande motivo para não fazer isso!

Haman fora soldado e, junto com alguns companheiros, perdeu-se no deserto. Desesperado, com sede e com fome, jurou ser escravo até o fim da vida de quem lhe desse alimento e água. Um dos soldados levantou-se, dizendo:

— Vamos morrer mesmo, certo? Então, tanto faz comer ou não comer. Venha, parceiro, vamos dividir minha ração.

Naquele mesmo dia a tropa os encontrou e os salvou. Haman esqueceu a promessa, enriqueceu e mudou para Shushan, capital da Pérsia, onde estava a corte do rei. Acabou frequentando o palácio e ganhou a confiança de Assuero, tornando-se primeiro-ministro.

No pescoço, Haman portava uma talismã, e obrigava os persas a se curvar diante do objeto. Mas como já foi contado, um único homem ousou desafiar a ordem.

— Incline-se! É uma ordem! — mandou Haman, furioso.

— Não me curvo diante de quem jurou ser meu escravo o resto da vida! — respondeu o homem.

Esse homem era Mordechai. Ele era o soldado que havia oferecido seus alimentos ao atual primeiro-ministro! A esposa de Haman aconselhou-o a matá-lo, porque assim o juramento perderia o valor. Mas essa seria uma péssima estratégia, pois o judeu era protegido da rainha.

— Então, o jeito é matar todos os judeus que moram nas províncias do reino — sugeriu a mulher de Haman.

Depois de muitas noites insones, Haman desenvolveu um plano para convencer o rei a exterminar os judeus. Bastaria caluniá-los, acusá-los de seguir suas próprias leis, de desprezar as ordens reais e apresentá-los como perigosos à ordem pública. Além disso, ofereceria 10 mil moedas de prata em troca da permissão para matá-los.

A princípio Assuero não quis ouvi-lo, mas acabou sendo convencido pela lábia do primeiro-ministro. Então mandou divulgar um édito real marcando para 13 de Adar, mês do calendário judaico, o massacre dos judeus da Pérsia.

Ao saber da ordem, Mordechai procurou Esther e pediu-lhe que intercedesse junto ao marido e evitasse a tragédia. Ela respondeu que jejuaria e faria orações durante três dias, e que os judeus persas deveriam fazer o mesmo. Ao fim desse período, procuraria o marido e lhe faria a solicitação — caso não fosse condenada à morte por ir ao encontro dele sem ser convocada.

Assim foi feito. E, ao contrário do que ela temia, Assuero ficou muito feliz ao vê-la. Tão feliz que lhe disse para pedir o que desejasse. Seria atendida. Esther então convidou-o, e a Haman, para um banquete.

Naquela mesma noite o rei, inquieto, não conseguia dormir. Para distrair-se, ordenou a um criado que lesse as Crônicas Reais, e ouviu com atenção o relato do plano de seu assassinato, do qual fora salvo por Mordechai.

– Que honras foram concedidas a esse homem?

– Nenhuma, majestade – respondeu o criado.

Naquele momento Haman entrou nos aposentos reais, para insistir na execução de Mordechai.

– Eu gostaria de homenagear um homem – disse o rei. – Diga-me, caro ministro, o que devo fazer?

– Traga-o, peça-lhe que vista seus trajes e que monte seu cavalo. Então ponha uma coroa em sua cabeça.

– Agradeço a sugestão. Por favor, traga Mordechai e faça tudo isso com ele.

Surpreso e decepcionado, Haman foi obrigado a honrar seu inimigo, levando-o para um passeio a cavalo pela capital da Pérsia.

Dias depois, ainda irritado, ele foi ao banquete de Esther, que revelou ao ministro e ao marido sua verdadeira identidade. Disse que seria morta junto com seu povo e pediu clemência ao rei. Em seguida, disse que considerava Haman seu arqui-inimigo, pois queria destruir seu povo.

Assuero ficou furioso. Mandou enforcar o ministro e os filhos dele na mesma forca que Haman preparara anteriormente para acabar com a vida de Mordechai. Fez mais: nomeou Mordechai primeiro-ministro. E,

como não podia anular um decreto que editara, mandou publicar outro, autorizando os judeus a combater, atacar e até mesmo matar quem quer que tentasse lhes fazer mal.

Foi assim que no dia marcado para o massacre, 13 de Adar, os judeus triunfaram sobre seus inimigos. Nos dois dias seguintes eles comemoraram a vitória, executando as três práticas instituídas por Mordechai: fazer refeições em meio a festas e muita alegria, trocar presentes (alimentos) e oferecer donativos aos pobres.

Até hoje os judeus homenageiam Esther e sua atitude corajosa, que salvou a vida dos antigos membros de sua comunidade religiosa. Trata-se da festa de Purim[14], comemorada em 13 de Aidar, a mais alegre da religião judaica.

14 *Purim* é uma palavra de origem persa que significa sorte.

12. As provas de Jó

Não havia, no mundo, um homem como Jó. Bom, íntegro, correto, jamais fazia o mal. Nem mesmo em pensamento. Tinha dez filhos, sete homens e três mulheres, que adoravam dar festas. Cada reunião acontecia na casa de um dos filhos, e todos eram convidados. Quando elas acabavam, Jó os purificava, com receio de terem cometido alguma ofensa contra Deus.

Ele era muito querido em toda a comunidade. As pessoas procuravam seus conselhos e sabiam que podiam contar com sua ajuda, qualquer que fosse ela: espiritual ou financeira. Como homem mais rico do mundo, Jó não permitia que ninguém passasse fome, frio ou algum outro tipo de necessidade. Oferecia abrigo, comida e apoio a quem precisasse.

Deus tinha grande consideração por Jó e atendia todas as suas preces. Um dia, porém, Satanás o desafiou, dizendo:

— Jó faz tudo o que o Senhor manda porque o Senhor lhe deu tudo. É um negócio, não uma questão de fé. Ele o obedece em troca de riqueza e de uma vida confortável.

— Ah, é? Então vá até lá e tire a prova! — Deus exclamou, furioso. — Faça algo contra Jó, para ver se ele é mesmo leal a mim. Só não lhe tire a vida!

— Combinado! — disse Satanás, e voou para a Terra.

Naquela mesma noite, queimou todas as plantações de Jó e provocou a morte das dezenas de milhares de animais que ele possuía. Não satisfeito, causou o desabamento da casa do filho mais velho e

acabou com a vida dos sete jovens e das três moças. Deixou Jó e a esposa sozinhos, na miséria.

Nem assim Jó praguejou contra Deus. Continuou fiel a Ele.

Revoltado, Satanás foi falar com Deus.

– Eu não lhe disse?

– Jó não se revoltou contra o Senhor porque foi atingido indiretamente. Seu corpo não sofreu. Se sofresse, as coisas seriam bem diferentes – afirmou Satanás.

– Quer tirar essa prova também? Pois então vá e tire! Mas lembre-se: mantenha-o vivo.

Satanás não pensou duas vezes: voltou à Terra e enviou a Jó uma doença que lhe causou feridas dos pés à cabeça. Elas provocavam dores, ardência, coceira. E sangravam muito. Jó então pegou um caco de cerâmica para coçar-se, e foi viver fora de casa, sobre cinzas.

Três amigos leais foram visitá-lo e, ao ver seu sofrimento, decidiram passar uma temporada a seu lado, na tentativa de animá-lo um pouco. No começo, quase não falavam, mas depois conversaram muito, procurando entender por que Deus não impedira a desgraça que se abatera sobre Jó.

A princípio, o pobre homem nada questionava, pois aceitava os desígnios do Senhor. Mais tarde, porém, teve dúvidas. Por que a tragédia o escolhera, logo ele, que sempre ajudara a todos? Que não se importava em dividir sua riqueza, quando a possuía, com os mais necessitados? Por que os pecadores continuavam saudáveis, ricos, ao lado de suas famílias, quando ele, que sempre fora bom e justo, tinha de amargar o sofrimento e a solidão? Por que o Senhor não lhe tirava a vida, pondo fim a tanta dor?

Então, o Senhor foi até Jó. Explicou-lhe seu poder, o trabalho que tivera ao fazer tudo que existe, o trabalho que tinha para corrigir as consequências dos erros dos homens e administrar a justiça no mundo. Jó compreendeu que sua sina nada era diante da imensa tarefa de Deus. Pediu desculpas por tê-lo questionado.

Deus, então, restaurou-lhe a saúde e tornou a dar-lhe riqueza e família. Fez com que ele tivesse dez novos filhos, sete homens e três mulheres.

Depois disso, Jó viveu mais 140 anos, sempre agindo com bondade e justiça. Quando partiu deste mundo, Deus o recebeu no céu, de braços abertos.

AUTOR E OBRA

© ALVARO TOLEDO LEME

Dramaturgo e roteirista de televisão, Walcyr Carrasco nasceu em Bernardino de Campos (SP), em 1951, e foi criado em Marília. Depois de cursar jornalismo na USP, trabalhou em redações de jornal, escrevendo textos para coluna social e até reportagem esportiva. É autor das peças de teatro *O terceiro beijo*, *Uma cama entre nós*, *Batom* e *Êxtase*, sendo que esta última conquistou o prêmio Shell de Teatro, um dos mais importantes do país. Muitos de seus livros infantojuvenis já receberam a menção de "Altamente recomendável" da Fundação Nacional do Livro Infantil e Juvenil. Entre as obras saídas de sua pena estão: *Quando meu irmãozinho nasceu*, *O selvagem*, *Camarões X Tartarugas – A grande copa do mar*, *Cadê o super-herói*, *Asas do Joel*, *Meu encontro com o Papai Noel*. Também escreveu minisséries e novelas de sucesso, como *Xica da Silva*, *O Cravo e a Rosa*, *Chocolate com pimenta*, *Alma gêmea*, *Sete Pecados*, *Caras & Bocas*, *Morde & Assopra*, *Amor à Vida* e também a adaptação para televisão de *Gabriela, cravo e canela*, romance de Jorge Amado.

Também se dedica às traduções e adaptações.

Além dos livros, Walcyr Carrasco é apaixonado por bichos, por culinária e por artes plásticas.

É membro da Academia Paulista de Letras, onde recebeu o título de Imortal.

SOBRE A ILUSTRADORA

© ARQUIVO PESSOAL

Meu nome é Mariana Ruiz Johnson. Sou ilustradora e autora de livros infantis. Nasci em Buenos Aires, Argentina, em 1984, em uma família dedicada ao mundo dos livros. Atualmente moro nos arredores da cidade, com meu marido e meu filho.

Quando me convidaram para ilustrar este livro, encarei como um grande desafio. O Antigo Testamento tem histórias maravilhosas e muito místicas, mas tratei de me concentrar no lado humano delas: as relações dos casais, entre pais e filhos e a espiritualidade dos homens. São essas coisas que conectam os homens de hoje às personagens do passado. Para ilustrar, empreguei técnicas digitais, cores como violeta e rosa, que me remetiam a uma espiritualidade que atravessa o livro.

BIBLIOTECA
WALCYR CARRASCO
HISTÓRIAS DA BÍBLIA

A *Bíblia* é [...] o livro sagrado de muitas religiões monoteístas, especialmente as que predominam no mundo ocidental. Não é preciso ser religioso, ou ser católico, protestante ou judeu, para admirar as histórias narradas em seus vários livros.
Walcyr Carrasco [...] deixa a critério do leitor - criança ou adulto - a decisão de acreditar que os fatos narrados aconteceram efetivamente ou são fruto da imaginação humana. A fé e a crença são opções individuais e privadas, e essa liberdade é delegada ao leitor. A obra não as impõe, nem as desacredita. Esta é uma das razões por que devemos ler o reconto que propõe Walcyr Carrasco.

Regina Zilberman